Bibliografische Information der Deutschen Nationalbibliothek:

Die Deutsche Bibliothek verzeichnet diese Publikation in der Deutschen National-
bibliografie; detaillierte bibliografische Daten sind im Internet über http://dnb.d-
nb.de/ abrufbar.

Impressum:

Copyright © 2002 GRIN Verlag, Open Publishing GmbH
Druck und Bindung: Books on Demand GmbH, Norderstedt Germany
ISBN: 9783638638821

Dieses Buch bei GRIN:

http://www.grin.com/de/e-book/4989/alles-ueber-pdf-dokumente-funktionen-und-
moeglichkeiten

Markus Weizenegger

Alles über PDF-Dokumente. Funktionen und Möglichkeiten

GRIN Verlag

GRIN - Your knowledge has value

Der GRIN Verlag publiziert seit 1998 wissenschaftliche Arbeiten von Studenten, Hochschullehrern und anderen Akademikern als eBook und gedrucktes Buch. Die Verlagswebsite www.grin.com ist die ideale Plattform zur Veröffentlichung von Hausarbeiten, Abschlussarbeiten, wissenschaftlichen Aufsätzen, Dissertationen und Fachbüchern.

Fachhochschule Kempten

Seminar für Wirtschaftsinformatik

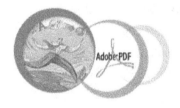

„Alles über PDF-Dokumente"

Markus Weizenegger

24. Mai 2002

Inhaltsverzeichnis

Abbildungsverzeichnis

Abkürzungsverzeichnis

Abb	Abbildung
CD	Compact Disc
CMYK	Cyan, Magenta, Yellow, Key (= Schwarz)
E-Formular	elektronisches Formular
GIF	Graphics Interchange Format
HTML	Hypertext Markup Language
ISDN	Integrated Services Digital Network
JPEG	Joint Photographic Experts Group
kb	Kilobyte
Mac	MacIntosh
MB	Megabyte
MS	Microsoft
NT	Network
OCR	optical character recognition
PC	Personalcomputer
PDF	Portable Document Format
PS	PostScript
RGB	Rot Grün Blau
RIP	Raster Image Prozessor
S/W	Schwarz-Weiß

1 Einleitung

Das Internet stellt heutzutage die größte Kommunikationsplattform dar. Die Zeiten, als Daten ausschließlich per Post, Fax oder Telefon übermittelt wurden, sind längst vorbei. Moderne und zeitgemäße Unternehmen nutzen das Internet, um mit Geschäftspartnern und Kunden weltweit elektronische Dokumente schnell und einfach online auszutauschen. Aber was nützt der schnellste Datenaustausch, wenn der Empfänger das Dokument nicht öffnen kann, weil er nicht die erforderliche Software auf seinem PC installiert hat oder gar mit einem anderen Betriebssystem (UNIX, Linux, OS/2, MS-DOS) arbeitet. "Selbst bei den selben Anwendungen kann es sein, dass Dokumente nicht korrekt geöffnet werden können. Es wurden verschiedene Versionen verwendet, oder die Schriftarten, die bei der Erstellung des Dokuments verwendet wurden, fehlen. In diesem Fall kann das, was man sieht, sich vom Originaldokument stark unterscheiden, und das kann möglicherweise die Firmenidentität oder das Markenbild beeinflussen."[1] Zudem sollte auch die Sicherheit beim Transfer nicht vernachlässigt werden. Möglicherweise soll der Empfänger nur bestimmte Zugriffe auf das Dokument bekommen (zum Beispiel nur Drucken), oder diese nur durch ein vorgegebenes Passwort öffnen können.

Für diese Zwecke hat die Firma Adobe einen weltweiten Standard geschaffen. Das PDF-Format (Portable Document Format, deutsch: portables Dokumentenformat) ist die ideale Lösung zum Austausch elektronischer Dokumente innerhalb und außerhalb eines Unternehmens, innerhalb eines Netzwerkes sowie im Internet.[2] In Verbindung mit dem Programmpaket Adobe Acrobat bietet das PDF-Format noch weitere Möglichkeiten, die im Laufe der Arbeit näher vorgestellt werden.

Abb. 1: PDF-Logo[3]

---

[1] www.adobe.de
[2] vgl. www.adobe.de
[3] www.adobe.de

2 Das PDF-Format

2.1 Entwicklung

2.1.1 Von PostScript zu PDF

"Die Entwicklung von PDF hat, wie schon viele andere Erfindungen, im Silicon Valley in Kalifornien ihren Ursprung."[4] In den 80er Jahren entwickelten Dr. Chuck Geschke und Dr. John Warnock die Seitenbeschreibungssprache PostScript (PS) und gründeten 1982 die Firma Adobe Systems. Während bis dahin jeder Drucker seine eigenen Programme und Treiber benutzte, um die Buchstaben und Zeichen des Computers auf Papier zu bringen, gab es damit zum ersten Mal einen Standard, der nicht von einem Druckerhersteller stammte.

Mit dieser Sprache lassen sich Buchstaben, in jeder Form und Größe, ebenso auf dafür geeignete Drucker übertragen wie Bilder, Füllmuster, Hintergründe und Ähnliches. "Die Seite wird bei PostScript nicht mehr als Sammlung von Druckpunkten übertragen, sondern als Vektoren, die ein zu zeichnendes Objekt beschreiben. Wenn eine DIN-A4-Seite vorher aus einem Megabyte Bildpunkten beschrieben wurde, so reicht es nun, für eine Hintergrundfläche die vier Eckkoordinaten eines Rechtecks zu übergeben."[5] Aus den übermittelten Koordinaten und der Flächendeckung errechnet der PostScript-Interpreter (auch RIP genannt), der im Drucker eingebaut ist, die Matrix aus Druckpunkten für die zu druckende Seite. Der große Vorteil dieser Vorgehensweise ist, dass eine so beschriebene Seite unabhängig von einem Gerät ist und auch beliebig vergrößert oder verkleinert werden kann, ohne dass ein Rastereffekt eintritt.

Die Firma Adobe hat sich PostScript patentieren lassen. "Jeder Hersteller von Druckern, der seine Geräte PostScript-fähig machen will, hat heute eine Lizenzgebühr an Adobe zu entrichten."[6]

So viel Aufwand ist jedoch gar nicht nötig, wenn es darum geht Dokumente durch Drucken in eine Datei in einen Zustand zu bringen, in dem sie schwer zu ändern, aber einfach zu drucken und anzuzeigen sind.

---

[4] Thomas Müller (Acrobat & PDF), S. 14
[5] Thomas Müller (Acrobat & PDF), S. 16
[6] Thomas Müller (Acrobat & PDF), S. 15

Dieser Idee folgend erfand Adobe Mitte der neunziger Jahre das Format PDF, welches eine Weiterentwicklung des PS-Formats darstellt und dem Anwender mehr Möglichkeiten bietet. Das neue Dateiformat fand nicht nur im Druckbereich Anwendung, sondern diente auch zur Bürokommunikation. Beliebig gestaltete Dokumente konnten somit problemlos ausgetauscht werden, ohne Rücksicht auf die bei der Erstellung und beim Empfänger verwendete Hard- und Software.

Allmählich fand auch die Druckindustrie gefallen an PDF und drängte Adobe zur kontinuierlichen Weiterentwicklung. Mittlerweile existiert die Version 1.4 von PDF und das Dateiformat hat sich zum Standard für den Austausch von Dokumenten entwickelt.[7]

2.1.2 PostScript versus PDF

"PostScript und PDF basieren auf dem gleichen Grafikmodell, das heißt, auf einer vektororientierten Beschreibung".[8] Deshalb lassen sich auch PostScript-Dateien sehr einfach in PDF-Dateien konvertieren und umgekehrt.

Trotz dieser Übereinstimmung gibt es wesentliche Unterschiede zwischen diesen beiden Dateitypen. PDF basiert zwar auf PostScript, ist jedoch keine Programmiersprache, sondern ein Dateiformat und enthält daher auch keine benutzerdefinierten Prozeduren und ähnliche Funktionen. Außerdem ist PDF seitenunabhängig. PDF-Dateien behandeln jedes Element eines Dokumentes als einzelnes Objekt und speichern so seine individuellen Eigenschaften. Daher ist es egal, ob die Daten auf dem Bildschirm oder an den Drucker ausgegeben werden, die Objekteigenschaften werden so nah wie möglich am Original erzeugt. PS-Dateien sind nicht wie PDF-Dateien objektorientiert, sondern sequentiell aufgebaut und müssen daher von Anfang bis Ende abgearbeitet werden. Folglich können einzelne Seiten nur schwer einer PS-Datei entnommen werden. Ein weiterer Vorteil des PDF ist der, dass kurzfristig noch Korrekturen an den Dokumenten vorgenommen werden können. In einer PostScript-Umgebung können Dokumente nur im Originalprogramm bearbeitet werden, sobald sie jedoch in PS konvertiert werden, lassen sich Änderungen - wenn überhaupt - nur mit viel Aufwand durchführen. Beim Drucken produzieren PDFs, verglichen mit PostScript-

---

[7] vgl. Stephan Jaeggi (Basics), S. B04
[8] Runk Claudia (Acrobat 4.0), S. 15

Dateien, wesentlich seltener Druckprobleme, da sie durch Komprimierung der Daten erheblich weniger Speicherplatz benötigen und somit den Druckerspeicher nicht überbelegen. Darüber hinaus können PDF-Dokumente Objekte für Interaktionen, wie zum Beispiel Hyperlinks und Multimediaeffekte, enthalten.[9] Einen abschließenden Vergleich zwischen beiden Formaten bietet die Abb. 2.

Format	PostScript	PDF
Standardformat	Ja	Ja
Erweiterbarkeit	Ja, da Programmiersprache	Nein, nur durch Adobe
Editierbarkeit	nur im Erzeugerprogramm	Mit Adobe Acrobat
Dateigröße	relativ groß	gering (bei Kompression)
Voransicht	eingeschränkt	mit Acrobat Reader
Multimediafähig	nein	ja

Abb. 2: PostScript versus PDF[10]

2.2 Was ist PDF?

"Adobe Portable Document Format (PDF) ist der offene De-facto-Standard für die Verteilung elektronischer Dokumente weltweit. Adobe PDF ist ein universelles Dateiformat, das alle Schriften, Formatierungen, Farben und Grafiken jedes Ausgangsdokuments beibehält, unabhängig von der Anwendung und der Plattform, die zur Erstellung verwendet wurde."[11]

So stellt der Hersteller sein Produkt vor. Und das sind wahrlich keine leeren Versprechungen. Mit Hilfe von PDF können alle auf Papier basierenden Dokumente in elektronische umgewandelt werden, ohne dabei Gefahr zu laufen, dass das Original-layout in irgendeiner Weise verfälscht wird. Dabei ist es egal, ob es sich um ein gescanntes Bild, eine aufwendige Grafik oder um eine Broschüre handelt, alle Dokumente können in PDF beschrieben werden. PDF muss aber in erster Linie als

---

[9] vgl. Thomas Müller (Acrobat & PDF), S. 24-26
[10] Oliver Schröder (Publishing Praxis 03/1999), S. 50
[11] www.adobe.de

"Endformat" angesehen werden, das heißt PDF steht üblicherweise am Ende der Bearbeitungskette. Die Dokumente werden in einem Textverarbeitungs- oder Publishingprogramm erstellt und dann zur Veröffentlichung, Archivierung oder Verteilung in PDF umgewandelt.

2.3 Komponenten und Eigenschaften einer PDF-Datei

Eine PDF-Datei setzt sich aus unterschiedlichen Komponenten zusammen. Als erster Bestandteil ist dabei das eigentliche PDF-Dokument mit den entsprechenden Layoutinformationen zu nennen. Die Strukturdaten für Verknüpfungen, auch Links genannt, sind in den Zusatzinformationen hinterlegt und daher völlig unabhängig von den Layoutinformationen. "Der Vorteil dieser Zweiteilung liegt auf der Hand: Wurde ein PDF-Dokument bereits mit interaktiven Funktionen ausgezeichnet, kann das PDF - auch nach einer eventuellen Korrektur - gefahrenlos ausgetauscht werden, ohne dass die Zusatzinformationen, sprich die interaktiven Funktionen, verloren gehen."[12]

Im PDF-Format ist zudem eine Querverweistabelle, auch Cross-Refernce-Tabelle genannt, integriert. Die Einträge in diese Tabelle ermöglichen ein schnelles Durchsuchen nach Texten oder Textbausteinen. PDFs lassen sich leicht aufteilen und in andere Dokumente einfügen, da ein PDF aus völlig unabhängigen Seiten besteht.[13]

3 Warum ein portables Datenformat?

3.1 Trends und Entwicklungen

In den vergangenen Jahren haben viele Unternehmen in die Kommunikations-Infrastruktur investiert und somit neue Informationswege geschaffen. Internet und E-mail sind zur Selbstverständlichkeit geworden. Durch die richtige Nutzung dieser Ressourcen können Geschäftsprozesse optimal gestaltet und neue Geschäftsfelder erschlossen werden. Begriffe wie Bussiness to Bussiness oder Bussiness to Consumer

[12] Runk Claudia (Acrobat 4.0), S. 14
[13] vgl. Runk Claudia (Acrobat 4.0), S. 14-15

stehen für neue Möglichkeiten in der Kommunikation mit Kunden und Lieferanten und bieten den Unternehmen neue Umsatzchancen. Geschäftsprozesse werden zunehmend online abgewickelt und damit bewegen sich eine Vielzahl von papierbasierenden Dokumenten Schritt für Schritt in das Internet. Formulare, Verträge, Mitteilungen, Broschüren, Präsentationen, um nur ein paar Beispiele zu nennen. Bezüglich dieser Dokumente ist es wichtig, dass diese weiterhin lesbar bleiben, sicher sind und den Anforderungen eines modernen Unternehmens gerecht werden. Bei der Digitalisierung der Daten muss daher der Fokus speziell auf vier Bereiche gelegt werden:

- Heterogene Arbeitsumgebungen

  Konflikte zwischen unterschiedlichen Betriebssystemen und Anwendungen verhindern das Öffnen von Dokumenten oder machen diese unbrauchbar, da entscheidende Elemente, wie Schriftarten, Bilder oder Tabellen, fehlen.

- Zuverlässigkeit

  Die optische Integrität des Dokumentes muss erhalten bleiben. Unterschiedliche Arbeitsumgebungen dürfen nicht zu einer veränderten Bildschirm- oder Druckdarstellung führen.

- Produktivität

  Dokumente müssen in anderen Anwendungen leicht wieder zu verwenden sein. Zudem sollten die Dokumente für einen schnellen Datenaustausch geeignet sein.

- Sicherheit

  Dokumente sollten vor unerlaubtem Zugriff, vor Manipulation oder unerlaubter Vervielfältigung geschützt werden können.[14]

Mit dem Einsatz von PDF erhalten die Anwender einen gemeinsamen Standard für den Dokumentenaustausch und die Lösungen zu den oben angesprochenen Punkten, wobei wir auch schon bei den Vorteilen von PDF wären.

---

[14] vgl. www.adobe.de

3.2 Vorteile von PDF

3.2.1 Plattformunabhängig

Texte, Grafiken und andere Dokumente werden noch meist auf den Standardbetriebssystemen von Microsoft (Windows, Windows NT) erfasst und ge- speichert. Werden die Daten versendet, bedingt es, dass der Empfänger auf demselben Betriebssystem arbeiten muss, da es sonst beim Konvertieren - zum Beispiel eines Textes - zu Layoutveränderungen oder gar zu Informationsverlusten kommen kann.

Damit muss mittlerweile sehr häufig gerechnet werden, da sich neben Microsoft immer mehr andere Betriebssysteme wie Linux, MacOS oder UNIX etablieren. "So könnte ein Nutzer des Betriebssystems Linux mit einer Word-Datei (Windows) in der Regel nicht viel anfangen. Sein Textverarbeitungsprogramm kann zwar eventuell eine Word-Datei in ein anderes Format konvertieren, dabei gehen jedoch unter Umständen griechische Sonderzeichen in Formeln oder ein Teil der Fußnoten verloren."[15] Auch wenn die Austauschpartner auf derselben Plattform arbeiten, können Hindernisse auftreten, da es eine Vielzahl von Softwarevarianten bzw. -versionen gibt.

Im Gegensatz dazu sind PDF-Dateien völlig unabhängig von Programmen und Betriebssystemen, auf denen sie erstellt wurden. Ein Dokumentenaustausch von einem Windows- auf einen Macintoshrechner kann problemlos ausgeführt werden. Mit Hilfe des Acrobat Readers, der für alle gängigen Betriebssysteme kostenlos verfügbar ist, können die PDF-Dateien im Originalerscheinungsbild inklusive der Grafiken und Schriften angezeigt, nach Wörtern durchsucht und ausgedruckt werden.

---

[15] www.uni-freiburg.de

3.2.2 Datenkomprimierung

Beim Austausch elektronischer Dokumente spielt die Datenmenge eine entscheidende Rolle. Eine Broschüre mit vielen Bildern ist schnell einige hundert Megabyte groß und damit für den Austausch ungeeignet. Wie Abb. 3 zu entnehmen ist, können die Datei-

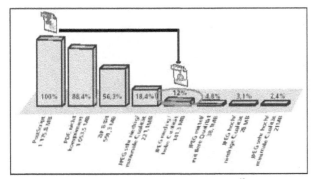

Abb. 3: Datenkomprimierung mit PDF[16]

größen erheblich reduziert werden. Aus den ursprünglichen 1 175,8 MB sind dank Kompression von PDF noch 141,3 MB übrig geblieben, ohne dass die Qualität darunter leidet. Dadurch kann die Datei wesentlich leichter archiviert und übermittelt werden. Auch beim Druck ist die Datenkomprimierung von Vorteil. Es muss nur ein Bruchteil der Datenmenge an das Ausgabegerät gesendet werden.

3.2.3 Transferkosten

Geht man nach der Aussage der Experten, ist PDF das zur Zeit kostengünstigste Dateiformat.[17] Mit der Verwendung von PDF lassen sich nicht nur die Portokosten für den herkömmlichen Posttransfer einsparen, die Dateien sind dank ihrer Kompression von bis zu 90 % auch hervorragend für den Online-Transfer geeignet. Wie Abb. 4 zeigt, muss nicht die 100 MB große PostScript-Datei ausgetauscht werden, sondern dank PDF lediglich 12 MB. Bei einem ISDN-Transfer von 128 kb reduziert sich demnach die

---

[16] Stephan Jaeggi (Management), S. M13
[17] vgl. Stephan Jaeggi (Management), S. M14

Übertragungszeit von 133,3 Minuten auf lediglich 15,9 Minuten. Folglich können die Daten schneller, einfacher und billiger Online übermittelt werden.[18]

Abb. 4: Zeiteinsparung bei der Nutzung von PDF[19]

3.2.4 ePaper Lösung

Obwohl immer mehr Dokumente und Informationen digitalisiert werden, ist der Einsatz von Papier noch lange nicht überflüssig geworden. Papier bietet im Vergleich zu elektronischen Medien immer noch einige Vorteile im Handling. Auf Papier lässt sich schließlich schreiben und das Geschriebene ohne irgendwelche Voraussetzungen lesen. Der Nachteil liegt in den hohen Kosten für die Übermittlung von Papierdokumenten. Dokumente werden mit großem Personalaufwand kopiert, per Post oder Kurier versandt, gefaxt oder auch manuell im Unternehmen verteilt. Häufig führt diese enorme Arbeitsleistung dazu, dass Informationen gar nicht verteilt werden oder bestenfalls mit einem Zeitverzug bei den Empfängern eintreffen. Folglich fehlen dem Unternehmen, dem einzelnen Mitarbeiter oder gar dem Kunden wichtige Informationen.

Mit den Möglichkeiten von PDF wird diese Informationsbarriere überwunden und eine Brücke zwischen digitalen und auf Papier basierenden Informationen geschaffen, das so genannte ePaper (zu deutsch: elektronisches Papier). Verschiedene Informationen werden elektronisch gespeichert und in leicht zugänglichen PDF-Dateien online an den oder die Empfänger weitergegeben. Dies alles geschieht mit geringem Kosten- und

---

[18] vgl. Stephan Jaeggi (Management), S. M14
[19] Stephan Jaeggi (Management), S. M14

Zeitaufwand, setzt man dabei die herkömmliche Verteilung per Papier als Maßstab an. Die Benutzer haben aber weiterhin die Möglichkeit mit den Dokumenten so zu arbeiten, als seien sie auf Papier gedruckt. Voraussetzung ist hierbei nur die Verwendung des kostenlosen Acrobat Readers, der im Kapitel 4 dieser Arbeit noch näher vorgestellt wird.

Zudem hilft PDF den Unternehmen Druck- und Distributionskosten einzusparen, wenn es darum geht, Dokumente zu verteilen, die häufig aktualisiert oder geändert werden müssen. Als bestes Beispiel dienen hierfür Handbücher, Broschüren oder Preislisten. Mit Hilfe von PDF können derartige Dokumente komprimiert und in einheitlicher Form im Internet veröffentlicht werden. Somit kann sich der Kunde je nach Bedarf die aktualisierte Information herunterladen, ansehen oder ausdrucken. Dabei ist eine plattformunabhängige und originalgetreue Darstellung auf dem Bildschirm und beim Druck gewährleistet, was bei der Anwendung des HTML-Formats nicht der Fall wäre, da hier unterschiedliche Browser und diverse Einstellungen zu Verfälschungen des Originals führen können.[20] Mittlerweile können auch die meisten Internet-Suchmaschinen, wie Google, PDFs auffinden.

4 Acrobat Versionen und ihre Funktionen/Möglichkeiten

Im Zusammenhang mit PDF-Dateien gibt es zwei grundverschiedene Arten von Programmen. Die Anzeige-Programme, mit denen sich erstellte PDF-Dateien auf Computer darstellen lassen, und Programme zum Erzeugen von PDF. Die Firma Adobe hat für diesen Bereich eine Programmpalette namens Acrobat auf den Markt gebracht. Adobe Acrobat besteht aus unterschiedlichen Versionen, die sich in Preis und Leistung deutlich voneinander unterscheiden. Im nun folgenden Abschnitt werden der Acrobat Reader, Acrobat und der Acrobat Distiller kurz vorgestellt.

---

[20] www.adobe.de

4.1 Acrobat Reader

Acrobat Reader ist - wie der Name schon sagt - eine spezielle Software zum Lesen von PDF-Dateien und ist für nahezu alle Betriebssysteme im Internet unter der Adresse *http://www.adobe.de/products/acrobat/readstep.html* kostenlos erhältlich. Weltweit benutzen laut Auskunft von Adobe schon über 200 Millionen Menschen dieses Programm. "Mit Hilfe des Acrobat Readers kann man sowohl lokal auf dem eigenen PC gespeicherte PDF-Dateien als auch mit Unterstützung eines Web-Browsers (zum Beispiel Netscape, MS Internet Explorer oder Opera) online im Internet angebotene PDF-Dateien betrachten."[21]

Doch der Acrobat Reader ist letztendlich mehr als nur ein Betrachtungswerkzeug. Der Benutzer kann sich mit Hilfe von Lesezeichen und Sprungverweisen, bequem im gesamten Dokument bewegen. Durch Anklicken des Lesezeichens im linken Navigationsfenster wird die entsprechende Seite angezeigt (siehe Abb. 5). Des Weiteren helfen dem Betrachter so genannte Piktogramme (auch Thumbnails genannt), die eine Miniaturansicht der Seite darstellen, um Grafiken, Tabellen und Diagramme schnell zu finden (siehe Abb. 6). Voraussetzung hierfür ist, dass der Erzeuger des PDFs diese Funktionalitäten bei der Erstellung berücksichtigt hat.

Abb. 5: Lesezeichen im Acrobat Reader

---

[21] www.uni-freiburg.de

Abb. 6: Piktogramme im Acrobat Reader

"Mit den eingebauten Suchfunktionen können Textbausteine im aktuellen Dokument schnell ausfindig gemacht werden."[22] Die Einstellungen für die Betrachtung am Monitor, z. B. der Vergrößerungsfaktor, können wie in jedem anderen Textverarbeitungsprogramm, vom Leser selbst frei gewählt werden. Textabschnitte, Tabellen und Grafiken lassen sich kopieren und in ein anderes Anwendungsprogramm übertragen, falls dies vom Autor des PDFs zugelassen wurde. "Für den Fall, dass ein Dokument wieder zu Papier werden soll, kann es mit dem Acrobat Reader ausgedruckt werden."[23]

4.2 Acrobat

Neben dem kostenlosen Acrobat Reader ist von der Firma Adobe auch das Vollprodukt Adobe, mittlerweile in der Version 5, erhältlich. Das Programm bietet sehr viele Möglichkeiten und richtet sich an professionelle Anwender, die regelmäßig PDF-Dateien erstellen, nachbearbeiten und optimieren wollen. Im Rahmen dieser Arbeit können nur ein paar wichtige Funktionen von Acrobat 5 (Preis: 300 Euro) kurz vorgestellt werden.

---

[22] www.uni-freiburg.de
[23] Thomas Müller (Acrobat & PDF), S. 37

4.2.1 Allgemeine Funktionen

Acrobat bietet sehr viel Komfort beim Erstellen von PDF-Dateien. Nach der Installation des Programms werden in allen Microsoft Office Anwendungen automatisch Makros zum Erstellen von PDFs in der Symbol- und Menüleiste integriert (Abb. 7). Mit einem Mausklick auf das Symbol wird das Office-Dokument mit Hilfe des so genannten PDF-

Abb. 7: PDF-Makro in Microsoft Word

Writers in eine PDF-Datei umgewandelt und kann je nach Bedarf mit Acrobat weiterbearbeitet oder in Umlauf gebracht werden. Die in Word mit einer Formatvorlage definierten Überschriften werden dabei automatisch als Lesezeichen in die PDF-Datei übernommen. In beliebigen anderen Anwendungen lassen sich PDFs über den Distiller erzeugen, der im Verlauf dieser Arbeit noch ausführlicher vorgestellt wird.

Adobe Acrobat ersetzt jedoch kein Textverarbeitungsprogramm wie Microsoft Word. Texte und Grafiken können nur in begrenztem Maß bearbeitet werden (z. B. zur Korrektur von kleineren Tippfehlern oder zum Verschieben von Grafiken auf einer Seite). Mit der Umwandlung in das PDF-Format gehen weitgehend alle Informationen über das Erstellungsformat verloren und der Weg zurück zum Ausgangsdokument in Word, Excel oder Corel Draw ist nicht oder nur eingeschränkt möglich.

4.2.2 eFormulare

"Das Erstellen, Ausfüllen und Verteilen von Papierformularen ist oft mit erheblichem Zeitaufwand und Kosten verbunden."[24] Mit Adobe Acrobat lassen sich papierbasierende

---

[24] www.adobe.de

Formulare in elektronische PDF-Formulare konvertieren, die dann bequem am Bildschirm ausgefüllt, versendet oder ausgedruckt werden können. Um zu gewährleisten, dass keine Falscheingaben erfolgen, lassen die Formularfelder auf Wunsch nur bestimmte Eingabewerte zu. Des Weiteren können die Formularfelder, ähnlich wie bei Excel, mit Berechnungen hinterlegt werden. Ein Beispiel zum Praxiseinsatz von eFormularen folgt in Kapitel 6.2.

4.2.3 Dokumente schützen

Beim Datenaustausch spielt die Sicherheit eine entscheidende Rolle. Änderungen an dem Original sind meist unerwünscht. Und auch nicht jede Information ist für jedermann bestimmt. Mit HTML- oder Word Dokumenten ist man hiermit nicht auf der sicheren Seite. Zwar können Word-Dokumente mit einem Passwort gesperrt werden, doch damit werden alle Anwender ausgeschlossen, die nicht das teure Microsoft Office-Programm auf dem Rechner installiert haben.

Adobe Acrobat bietet die Möglichkeit wichtige Dokumente durch ein Passwort zu schützen, um zu verhindern, dass unbefugte Personen das Dokument öffnen oder ändern. Die Einstellungen für die Zugriffskontrolle sind im Programm Acrobat im Menü Datei > Sicherheitsinformationen vorzunehmen. Im Bereich "Standardsicherheit" stehen zwei Verschlüsselungsebenen zur Auswahl. "Die sicherere Verschlüsselung mit 128-Bit ist nicht kompatibel zu den älteren Acrobat Versionen 3 und 4. Mit nur 40-Bit verschlüsselte PDF-Dateien können auch vom Acrobat Reader in den Versionen 3 und 4 gelesen werden."[25] Je nach Verschlüsselungsebene offeriert das Programm eine Reihe von Sicherheitsoptionen (siehe Abb. 8), die verhindern sollen, dass das Dokument gedruckt, ganz oder teilweise geändert wird oder dass Text und Bilder aus dem Inhalt kopiert werden können.

---

[25] www.uni-freiburg.de

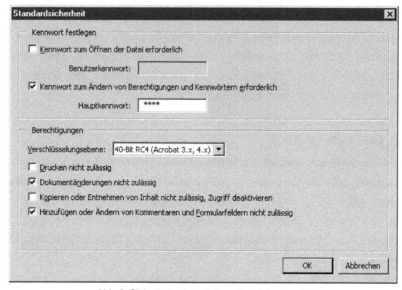

Abb. 8: Sicherheitseinstellungen in Adobe Acrobat

4.2.4 Web-Capture

Viele Informationen und Nachrichten werden heutzutage über das Internet besorgt. Stößt man dabei auf Seiten, die man für Recherchezwecke sammeln möchte, bieten die meisten standardmäßigen Browser nur eine unzureichende Archivierungsfunktion. Neben der HTML-Datei werden je nach Aufbau der Web-Seite noch etliche Bilder auf der Festplatte abgespeichert und man verliert dadurch schnell den Überblick.

Mit der Funktion "Web-Capture" von Adobe Acrobat können einzelne Webseiten bis hin zu ganzen Webservern in PDF konvertiert werden. Nach Aufruf der Funktion muss lediglich der Domainname und die Anzahl der Ebenen der Internetseite, die man in PDF umwandeln möchte, angegeben werden. Als Ergebnis erhält man eine einzige PDF-Datei, in der die Bilder, Schriften und Verknüpfungen der Originalseiten übernommen wurden. Bei animierten GIF-Bildern kommt es allerdings zu Einschränkungen, da nur der letzte Frame der Animation dargestellt wird. Erfahrene Acrobat Benutzer, die genaue Vorstellungen zum Erscheinungsbild haben, können bei der Konvertierung auch

spezielle Einstellungen vornehmen, beispielsweise zu der Seitengröße, Lesezeichen, Kopf- und Fußzeilen, usw.

Voraussetzung für die Nutzung von "Web-Capture" ist ein installierter Microsoft Internet Explorer. [26]

4.3 Acrobat Distiller

In Microsoft Office Programmen lassen sich PDFs, wie bereits beschrieben, mit Hilfe des PDF-Writers erzeugen. Anderen Programmen außerhalb der Office-Palette steht dieses Makro nicht zur Verfügung. Dennoch lassen sich auch hieraus mit Hilfe des Acrobat Distillers PDF-Dokumente erstellen. Gerade bei komplexen Dokumenten mit vielen Abbildungen, die eine hohe Ausgabequalität benötigen, liefert der Distiller bei der Konvertierung qualitativ bessere Ergebnisse als der PDF-Writer.

Der Acrobat Distiller arbeitet - wie der Name schon sagt - wie ein Destilliergerät. Er filtert die wichtigsten Daten heraus und eliminiert unnötige Befehle, da er einen vollständigen PostScript-Interpretor enthält. Die PDF-Erstellung läuft somit in zwei Schritten ab:[27]

- Drucken in eine PostScript-Datei
- Destillieren der PostScript-Datei

Alle Eigenschaften des Dokuments, beispielsweise Layout, Schriften, Schriftgrößen, definierte Farben, Tabellen, Bilder, Hyperlinks oder ähnliches bleiben bei der Konvertierung erhalten.

In den nächsten Punkten werden die verschiedenen Funktionen und Möglichkeiten des Acrobat Distillers näher vorgestellt.

4.3.1 Erzeugen von PDF-Dokumenten

Es gibt drei verschiedene Möglichkeiten eine PDF-Datei über den Distiller zu erzeugen. Der einfachste Weg erfolgt über die "Drag-and-Drop"-Methode. Die gewünschte Datei wird mit der Maus direkt in das Fenster des Distillers gehoben.

---

[26] Runk Claudia (Acrobat 4.0), S. 215
[27] vgl. Baltes-Götz (Elektronisches Publizieren)

Die zweite Möglichkeit geschieht über die Menüleiste des Distillers. Wie in jedem anderen Programm kann die gewünschte Datei einfach über den Menüpunkt [Datei] und [Öffnen] aktiviert werden.

"Die eleganteste Methode ist die Zuführung über einen vom Distiller überwachten Ordner."[28] Das heißt, nach der Zuweisung einer bestimmten Festplatte legt der Distiller einen "IN"- und einen "OUT"-Ordner an. Somit kann aus jedem beliebigen Programm eine gewünschte Seite über das Druckmenü auf den Distiller geschickt werden. Im "IN"-Ordner läuft die gerippte PostScript-Datei ein und nach der Konvertierung erscheint im "OUT"-Ordner die erstellte PDF-Datei.

Abb. 9: IN- und OUT-Ordner beim Acrobat Distiller[29]

Der Vorteil der überwachten Ordner besteht zum einem darin, dass dieser auf einem beliebigen Rechner im Netzwerk (zum Beispiel File Server) angelegt werden kann, zum anderen wird der einzelne Arbeitsplatz entlastet, da die PDF-Datei auf dem Arbeitsplatzrechner konvertiert wird.

---

[28] vgl. Stephan Jaeggi (Creation), S. C17
[29] Stephan Jaeggi (Creation), S. C27

4.3.2 Komprimierung mit dem Distiller

Im Distiller gibt es hervorragende Einstellungen, um Dateien in Ihrer Größe zu reduzieren. Für die automatische und manuelle Komprimierung stehen zwei Varianten zur Verfügung.

Die JPEG-Komprimierung eignet sich vor allem für Bilder mit kontinuierlichen Farbübergängen (zum Beispiel Fotos). Bei dieser Methode fasst der Distiller alle Daten zusammen, die mit bloßem Auge nicht mehr erkennbar sind. Hierbei kann man zwischen fünf Qualitätsstufen wählen, von minimaler bis maximaler Qualität. Es muss aber dabei beachtet werden, dass mit zunehmenden Komprimierungsgrad die Qualität und Darstellungsgenauigkeit abnimmt.

Eine andere Methode ist die ZIP-Komprimierung. Diese eignet sich für Bilder, die im Schwarz-Weiß-Modus oder als Bitmap abgespeichert sind, aber auch für einfarbige Flächen oder harte Farbübergänge. Die ZIP-Komprimierung arbeitet verlustfrei, ist daher aber auch nicht so effizient wie die JPEG-Methode.[30]

Wenn man im Distiller die automatische Komprimierung wählt, versucht er für jedes einzelne Bild die optimale Komprimierungsmethode zu wählen.

4.3.3 Einbetten von Schriften

Schriftenprobleme sind Vergangenheit, da mit dem Distiller (ab der Version 4.0) alle Fonts (= Schriftarten) in das PDF-Dokument eingebettet werden, sowohl PostScript-Fonts als auch TrueType-Schriften. Falls beim Erstellen eines PDFs doch eine Schrift fehlen sollte, erscheint im "OUT"-Ordner eine LOG-Datei, die genau den fehlenden Schriftsatz mit allen Auszeichnungen (Kursiv, Bold, oder ähnlich) definiert.

Wird die Warnung des Distillers ignoriert, simuliert Acrobat den fehlenden Font. Dies funktioniert allerdings nur bei "normalen" Schriften. Ungewöhnliche Fonts können nicht befriedigend dargestellt werden, wie auch nachfolgende Abbildung zeigt.

---

[30] vgl. Stephan Jaeggi (Creation), S. C18

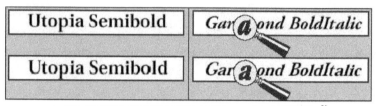

Abb. 10: Originalschrift und Simulation von Acrobat Distiller[31]

4.3.4 Farbe

Im Distiller können Farben entweder unverändert übernommen oder über Standard-Profile neu definiert werden.[32] Dies bedeutet, dass eine im RGB-Modus angelegte Seite (zum Beispiel fürs Internet) in ein PDF-Dokument im CMYK-Modus konvertiert werden kann, da man die Seite vielleicht für den Bedarf in einer Druckerei benötigt. Vorab kann im Druckertreiber festgelegt werden, welche Farb-Profile der Anwender verwenden möchte. Standard-Einstellungen sind RGB-Modus, Graustufen- und Schwarz-Weiß-Modus. Über das Druckmenü kann die gewünschte Option einfach ausgewählt werden.

4.4 Sonstige

Neben dem Acrobat Reader, dem Acrobat und dem Distiller gibt es noch eine ganze Bandbreite von weiteren Programmen der Firma Adobe, die mehr oder weniger hilfreich sind, um PDF-Dokumente zu optimieren.

4.4.1 Paper Capture

Mit Paper Capture können eingescannte Seiten mit Textinhalt per Texterkennung (OCR) "suchbar" gemacht werden. Da Adobe ein separates und leistungsfähigeres Softwareprodukt für diese Funktionalität anbietet, wurde in Acrobat Version 5 aus kommerziellen Gründen die Anzahl der "capture fähigen" Seiten pro PDF-Datei auf 50 Seiten beschränkt.[33]

---

[31] Stephan Jaeggi (Creation), S. C23
[32] vgl. Stephan Jaeggi (Creation), S. C25
[33] vgl. www.uni-freiburg.de

4.4.2 Catalog

"Acrobat Catalog ermöglicht es, über eine Sammlung von PDF-Dateien einen Volltextindex zu erstellen."[34] Über die Funktion "Suchen" kann man dann im Acrobat Reader eine Volltextsuche über die katalogisierten Dokumente starten. Die Volltextsuche ist schneller als die "normale" Suche, da nur der Index und nicht das gesamte Dokument durchsucht werden muss.[35]

5 PDF kostenlos erstellen

Um eine PDF-Datei erstellen zu können, benötigt man eine spezielle Software namens Adobe Acrobat. Dieses Softwarepaket ist mit 300 Euro allerdings ziemlich teuer und müsste auf jedem Rechner installiert sein, auf dem man PDFs erzeugen möchte. Diese Investition lohnt sich selbstverständlich nicht für PC-Anwender, die nur gelegentlich PDF-Dateien benötigen und auf die Leistungsfähigkeit von Adobe Acrobat verzichten können. Denn mittlerweile gibt es viele Möglichkeiten, PDF-Dokumente auch kostenlos zu erstellen. [36]

5.1 Online

Als erste Möglichkeit steht dabei das Internet zur Verfügung. Auf der Seite *http://cpdf1.adobe.com* können nach einer Registrierung bis zu drei PDF-Dokumente pro registrierter E-mail-Adresse kostenlos konvertiert werden. Akzeptiert werden Dateien bis 50 MB Größe in den Formaten doc, ppt, xls, rtf, txt, htm, html, shtml, ps, prn, eps, bmp, gif, pcx, jpg, png und tif.
Aber auch viele Universitäten und Hochschulen (*http://www.wiwi.uni-marburg.de*) bieten Interessenten die Möglichkeit, eine kostenlose Konvertierungs-Software zentral auf Ihrem Server zu nutzen. Der Anwender muss lediglich einen PostScript-Druckertreiber (zum Beispiel: HP Laserjet 4/4M PostScript) auf seinem Rechner installieren und den

---

[34] www.uni-hannover.de
[35] vgl. www.uni-freiburg.de
[36] vgl. www.uni-freiburg.de

Ausdruck aus dem jeweiligen Programm in eine PS-Druckdatei umleiten. "Die PostScript-Datei muss anschließend mit Hilfe eines Web-Browsers auf den Konvertierungs-Rechner der Universität hochgeladen werden. Dort wird die PostScript-Datei in eine PDF-Datei konvertiert und dem Autor zum Download angeboten. Dieser Vorgang dauert - je nach Umfang der PostScript-Datei - wenige Sekunden bis einige Minuten."[37]

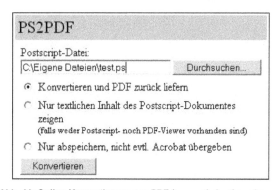

Abb. 11: Online-Konvertierung von PDF (*www.wiwi.uni-marburg.de*)

5.2 PDF 995

Da das PDF-Format von der Firma Adobe offen gelegt ist, sind mittlerweile auch "kleinere" Freeware-Tools erhältlich, die sich wie ein Druckertreiber ins das System einklinken und somit eine PDF-Datei-Erstellung aus jeder Anwendung ermöglichen, aus der man drucken kann. Hier sind zum Beispiel Tools wie WordtoPDF, PDF Factory und PDF995 zu nennen.

Letzteres ist in der Funktion und in der Bedienung sehr komfortabel und im Internet auf der Seite *http://www.pdf995.com/download.html* kostenlos erhältlich. Das Tool erzeugt automatisch aus jeder Anwendung das PDF-Dokument, falls im Druckmenü der "Drucker" PDF 995 gewählt wurde (siehe Abb. 12).

Der Nachteil dieser Tools ist, dass man PDF-Dateien anschließend nicht weiterbearbeiten kann, um z. B. zusätzliche Funktionalitäten wie Formularfelder oder

---

[37] www.uni-freiburg.de

Schutzfunktionen zu integrieren oder um mehrere PDF-Dateien zu einer zusammenzufassen.[38] Des Weiteren bestehen oft Probleme bei der Behandlung "exotischer" Schriftarten. Diese werden im Bitmap-Format eingebettet, was zu großen PDF-Dateien mit mäßiger Darstellung führt.[39]

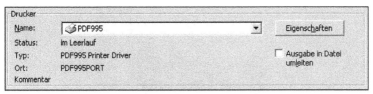

Abb. 12: PDF995 im Druckmenü

6   PDF in der Praxis

6.1   PDF in der Druckindustrie

Die Erfindungen von PostScript bzw. die Weiterentwicklung zu PDF hat eine Branche in nur einem Jahrzehnt grundlegend verändert.[40] Vor noch nicht allzu langer Zeit wurden die Aufträge an die Druckereien in der Regel als Filme angeliefert. "Neue Technologien wie großformatige Imagesetter, Computer-to-Plate und der Digitaldruck erfordern jedoch digitale Druckvorlagen."[41] Das PDF-Datenformat bietet sich hierzu mit seinen bereits angesprochenen Vorteilen in idealer Weise für den Einsatz im Druckbereich an.

Viele Werbeagenturen, Grafiker und auch Kunden produzieren heutzutage ihre Seiten und Anzeigen selbst, wobei oft unterschiedliche Programme und Datenformate eingesetzt werden, die für die Anlieferung an Druckbetriebe schlecht oder nicht geeignet sind. Oftmals besitzen diese Personen auch nicht das erforderliche Know-How in der Druckvorstufe, so dass sich im Laufe der Seitenerstellung oft Fehler einschleichen. Bei der Anlieferung in den Druckbetrieb können einige Fehler visuell erkannt werden, doch es gibt auch Fehler, die erst bei der Verarbeitung oder beim

---

[38] vgl. www.uni-freiburg.de
[39] vgl. www.uni-hannover.de
[40] vgl. Thomas Müller (Acrobat & PDF), S. 121
[41] Stephan Jaeggi (Management), S. M04

Druck ersichtlich werden. Diese sind dann - wie Abb. 13 zeigt - sehr kostenintensiv und gefährden massiv den Fertigstellungstermin des Auftrags.

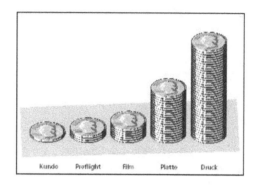

Abb. 13: Kosten für die Fehlerbehebung in der Druckproduktion[42]

Deshalb fordern die Druckereien die Anlieferung der Daten im PDF-Format, um möglichst effizient und problemlos arbeiten zu können. Durch den Einsatz von PDF werden die Fehler, wie eine unzureichende Bildauflösung oder fehlende Schriftarten, schon beim Produzenten bzw. Seitengestalter ersichtlich und können daher direkt vom Verursacher behoben werden. Wenn zum Beispiel eine Schriftart (Font) fehlt, liefert der Adobe Distiller beim Erzeugen wahlweise eine Fehlermeldung oder simuliert diesen Font.

Auch bei der Abstimmung in der Drucksachenproduktion eignet sich PDF hervorragend. "Bisher musste der einfachste Farbdruck zur Abstimmung unter Zeitverlust zum Kunden geschickt werden. Ein konventioneller Ausdruck kostet nicht nur Zeit bei der Herstellung, sondern auch beim Versand zum Kunden."[43] Mit PDF und dem kostenlosen Acrobat Reader kann der Kunde seinen Auftrag betrachten, und anschließend die gewünschten Korrekturen und die Druckfreigabe per E-mail an die Druckerei übermitteln. Die Abb. 14 zeigt den Ablauf, um die Druckfreigabe zu beschleunigen.

---

[42] Stephan Jaeggi (Management), S. M11
[43] vgl. Thomas Müller (Acrobat & PDF), S. 123

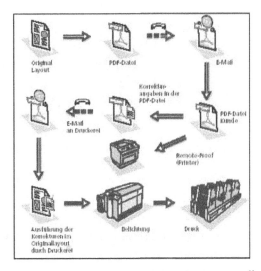

Abb. 14: Abstimmungsprozess mittels PDF beim Druck[44]

6.2 eGovernment der Stadt Düsseldorf

"Leichterer Zugang zu Informationen von Behörden und eine schnelle, effiziente Verwaltung, das sind die Ideale, die mit dem Begriff «eGovernment» beschrieben werden."[45] Die Dienstleistungen der Amtsstuben müssen dabei weitgehend über das World Wide Web erreichbar sein.

Die Stadt Düsseldorf war ein Vorreiter in Sachen "eGovernment". Bereits im Jahr 2000 wurde die Initiative für die "E-City Düsseldorf" geschaffen und zwölf Monate später der Öffentlichkeit präsentiert. Über die Internetseite *www.duesseldorf.de* können Besucher jedes Amt der Stadt direkt erreichen und alle notwendigen Formulare - beispielsweise "Anmeldung bei der Meldebehörde" - im PDF-Format vom Web-Server der Stadt downloaden. Die Formulare lassen sich bequem mit dem Acrobat Reader ausfüllen und anschließend drucken. Dabei sind die PDF-Formulare den Papierformularen absolut identisch, so dass sich der Bürger nicht erst an ein neues Erscheinungsbild gewöhnen

---

[44] Stephan Jaeggi (Management), S. M10
[45] www.adobe.de

muss. Die Schutzmechanismen von Adobe Acrobat verhindern dabei, dass die PDF-Dokumente verfälscht oder kopiert werden.

Durch die Einführung der "papierlosen Formulare" spart sich die Stadtverwaltung die Kosten für die Druck und die Lagerhaltung. Den Bürgern werden lange Wartezeiten vor den Amtsstuben erspart. Zudem sind die eingehenden Formulare leserlich und wegen der eingebauten Plausibilitätskontrolle vollständig ausgefüllt.[46] [47]

7 Fazit

Wenn man nach den Vorstellungen von Adobe geht, soll die Zukunft im Kommunikationsbereich durch PDF geprägt werden. Ob das soweit reicht, dass die Tageszeitungen zukünftig in PDF-Dokumenten ausgeliefert werden, ist wohl doch zu bezweifeln. Aber einzelne Prospekte oder kleiner Kataloge lassen sich durchaus mit Hilfe dieses Formats austauschen. In diesem Zusammenhang fällt auch immer wieder der Begriff "Printing on demand", bei dem der Benutzer letztendlich die Entscheidung trifft, ob die Artikel zu Papier gebracht werden oder nicht. In einer umweltbewussten Umgebung dürfte diese Entwicklung sicherlich Anklang finden.

Die Schwächen von PDF werden von Adobe logischerweise nicht erwähnt, dürfen jedoch bei der Bewertung nicht außer Acht gelassen werden. Entgegen den ersten Aussagen von Adobe sind PDF-Dateien nicht hundertprozentig gegen Viren geschützt. Die Firma Symantec berichtete im vergangenen Jahr von dem Virus VBS.PeachyPDF@mm, welcher zunächst beim Öffnen ein harmloses Spiel simuliert. Will der Anwender jedoch das vermeindliche Spiel starten, verbreitet sich der Wurm im System.[48]

Abschließend lässt sich sagen, dass PDF sicherlich kein Heilmittel für alle Probleme beim Datenaustausch ist. Aber viele lassen sich mit Hilfe von PDF bewältigen.

---

[46] vgl. www.adobe.de
[47] vgl. www.duesseldorf.de
[48] vgl. www.heise.de